EXTRAIT DU « CADUCÉE » (n°s 2 à 6 de 1913)

Manuel des Testaments aux Armées

A L'USAGE DES OFFICIERS, FONCTIONNAIRES

DE L'INTENDANCE ET MÉDECINS MILITAIRES

PAR

Ch.-L. JULLIOT

Docteur en Droit
Officier d'Administration de 2° classe de Territoriale

PARIS

RENE CHAPELOT, Libraire-Éditeur
30, rue Dauphine, 30

1913

DU MÊME AUTEUR :

Des transferts et conversions de titres nominatifs *spécialement envisagés au point de vue de l'application des règles du contrat de mariage.* — Paris, Larose et Ténin. éditeur-, 1899 (10 fr.).   . *Epuisé.*

Essai d'une nouvelle théorie sur le titre nominatif et le transfert : *conséquences pratiques, réformes proposées.* Extrait de la *Revue trimestrielle de droit civil,* n° 1, 1904. — Paris, Larose et Ténin, éditeurs, 1904.......... ... . 2 fr. 50

Nature juridique du transfert des titres nominatifs : *stipulation pour autrui ou délégation?* Etude suivie d'une réponse de M. THALLER, professeur à la Faculté de droit de Paris. Extrait des *Annales de droit commercial,* 1904, n°° 4 et 5. — Paris, Rousseáu, éditeur, 1904............. 2 fr. 50

De l'insaisissabilité des rentes sur l'Etat : *Exposé documentaire du principe et de ses applications (législation, doctrine, jurisprudence, pratique, administrative).* Extrait du *Journal des Notaires,* cahier du 30 octobre 1908, art. 29.380. — Paris, *Journal des Notaires,* éditeur, 1908...... 1 fr. 50

De la production des titres de propriété en matière d'expropriation pour cause d'utilité publique. Extrait de la *Revue de législation professionnelle,* n°s 1 à 6 de 1908 et 1 de 1909. — Paris, Marchal et Godde, éditeurs, 1909............. 1 fr. 50

De la propriété du domaine aérien. Extrait de la *Revue des idées* du 15 décembre 1908. — Paris, Larose et Ténin, éditeurs, 1909............. 1 fr. 50

Du nouveau régime fiscal des valeurs mobilières *(Loi de finances du 26 décembre 1908).* Extrait des *Annales de droit commercial.* — Paris, Rousseau, éditeur, 1909......................... 1 fr. 50

De l'abus du droit dans ses applications à la locomotion aérienne. Extrait de la *Revue des idées* du

(Voir la suite page 3 de la couverture).

Manuel des Testaments aux Armées

Extrait du « Caducée » (nᵒˢ 2 à 6 de 1913)

Manuel des Testaments aux Armées

A L'USAGE DES OFFICIERS, FONCTIONNAIRES

DE L'INTENDANCE ET MÉDECINS MILITAIRES

PAR

Ch.-L. JULLIOT

Docteur en Droit

Officier d'Administration de 2ᵉ classe de Territoriale

PARIS

RENE CHAPELOT, Libraire-Editeur,

30, rue Dauphine

—

1913

Manuel des Testaments

aux Armées.

Dans une conférence que je prononçais pour la troisième fois au Val-de-Grâce le 19 juin 1912, au Cours d'Instruction du Service de santé en campagne du Gouvernement militaire de Paris, je tenais aux médecins, pharmaciens et officiers d'ad-

(1) *Formule du testament authentique dressé aux armées.* — L'an mil neuf cent... *(compléter le millésime en toutes lettres)*, le...... *quantième en toutes lettres et mois*, à... *(indiquer l'heure et la minute en toutes lettres)*, étant à... *(indiquer le lieu)*, devant *(prénoms, nom, grade et corps de l'officier instrumentaire)*, et en présence de... *(prénoms, nom, grade et corps ou profession, domicile de chacun des deux témoins)*, tous deux témoins requis, lesquels ont déclaré être majeurs, Français, jouissant de leurs droits civils, et n'être ni parents ni alliés du testateur, ni des légataires ci-après nommés, ni parents ni alliés entre eux, ou devant *(prénoms, nom, grade de chacun des deux commissaires ou intendants)*, ou devant *(prénoms, nom, grade)*, médecin en chef de... *(indiquer l'hôpital, etc.)* assisté de *(prénoms, nom, grade de l'officier d'administration gestionnaire)*, a comparu *(prénoms, nom, grade*

ministration qui me faisaient l'honneur de
m'écouter, à peu près ce langage : « Les
règles de compétence et de forme relatives aux testaments sont prescrites à

---

et corps ou *profession, domicile du testateur*),
lequel, ayant paru à l'officier instrumentaire
(*ou aux officiers instrumentaires*) ainsi qu'aux
personnes susnommées, sain d'esprit, quoique
malade de corps (*ou blessé, ou sain d'esprit
et de corps*), a déclaré (*insérer ici les clauses
du testament*).

L'officier instrumentaire a ensuite donné
lecture au testateur de l'article 984 du Code
civil, ainsi que du présent testament, et le
testateur a déclaré le bien entendre et y per-
sévérer comme renfermant ses dernières volontés (*si le testateur signe, ajouter :* il l'a en
conséquence revêtu de sa signature), le tout
en présence de MM. (*énumérer le ou les officiers
instrumentaires et les témoins s'il y en a*), lesquels ont signé (*ou, si le testateur ne peut signer :* lesquels ont signé. Quant au testateur, il
a déclaré à l'officier instrumentaire, en présence de MM... (*nom du second officier et des
témoins*) ne savoir signer ou ne pouvoir signer,
en raison de (*énoncer clairement les causes de
l'empêchement*) (*ou, si l'un des témoins ne peut
signer :* M. (*nom du témoin qui signe*) a signé
avec MM. (*nom des officiers instrumentaires*).
Quant à M. (*nom du témoin qui ne signe pas*),
il a déclaré ne savoir signer, ou ne pouvoir signer en raison de .. (*énoncer clairement les
causes de l'empêchement*.

Fait en double original *ou* en un seul original en raison de l'état de santé du testateur,
qui (*indiquer les causes qui ont empêché d'éta-
blir le deuxième original*).

(*Signatures.*)

peine de nullité, et de cette nullité l'officier instrumentaire peut-être déclaré pécuniairement responsable. Voilà qui doit vous donner singulièrement à réfléchir. Sur les champs de bataille de l'avenir, il y aura toutes sortes de gens, et croyez bien que ce seront plutôt les riches que les indigents qui songeront à tester 1). Si donc ie hasard des rencontres vous met dans la nécessité de recevoir le testament d'un millionnaire, et si ce testament vient, par la suite, à être déclaré nul, soit parce que vous n'étiez pas compétents, soit que vous ayez contrevenu à un de ces détails de forme si redoutables, eh bien, Messieurs, ce sera fort simple : vous serez, ou tout au moins vous pourrez être, selon les circonstances et d'après l'appréciation des tribunaux de l'ordre judiciaire seuls com-

---

(1) Voir la première de ces conférences : *Actes de l'état civil aux armées : Décès (Constatation et formalités administratives); Actes conservatoires et Testaments*, dans le *Bulletin officiel de l'Union fédérative des médecins de réserve et de territoriale* du mois d'octobre 1911 et dans le *Bulletin de la Réunion amicale des officiers d'administration du cadre auxiliaire du Service de santé*, numéros de novembre 1911 et janvier-février 1912. — V. aussi Julliot : *Du testament militaire*, dans le *Journal du Notariat* du 23 février 1911, p. 121, et dans le *Bulletin de l'Union fédérative* de mars 1911. — *Des testaments authentiques des militaires*, extrait du *Journal des notaires*, cahier du 15 octobre 1912, art. 30471.

pétents en cette matière civile (1), vous pourrez être. dis-je. jugés, vous notaires improvisés et par ordre, personnellement et pécuniairement responsables de l'intégralité ou de partie de ces millions vis-à-vis des prétendants droit à cet héritage, que l'irrégularité commise aura frustrés. »

Et ceci, croyez-le bien, n'est pas un mythe. Les notaires eux-mêmes, dont c'est le rôle obligatoire et d'ailleurs très convenablement rétribué, de recevoir les testaments, se soustraient. chaque fois qu'ils le peuvent, à la terrible fonction qui leur incombe d'instrumenter en la forme authentique; ils se tirent d'affaire en conseillant à leurs clients de tester en la forme olographe, à telle enseigne qu'un notaire parisien, titulaire d'une des charges les plus importantes de notre cité, me disait dernièrement n'avoir pas encore reçu un seul testament authentique depuis qu'il est en fonctions. c'est-à-dire depuis sept années, et qu'il espérait bien ne pas en recevoir de sitôt.

Je souhaiterais à Messieurs les médecins militaires de pouvoir en dire autant.

Mais, au fait, pourquoi donc les médecins sont-ils investis de cette redoutable fonction ? Je m'empresse de dire qu'ils ne sont pas les seuls dans ce cas : ils partagent cette prérogative avec d'autres offi-

---

(1) *Compar.* Trib. des Conflits, 25 mars 1911 (Sirey. 1911, 3, 105).

ciers dont j'aurai à parler tout à l'heure, et, pour répondre à la question, nous dirons avec Bigot-Préameneu qu'il est impossible que le service militaire mette les testateurs dans l'impossibilité de se conformer à la loi : « c'est dans ces circonstances où la vie est souvent exposée, qu'il devient plus pressant et plus utile de manifester ses dernières volontés. La loi serait donc incomplète si elle privait une partie nombreuse des citoyens et ceux surtout qui ne sont loin de leurs foyers que pour le service de la patrie, d'un droit aussi naturel et aussi précieux que celui de disposer par testament. »

Le Code civil n'a pas failli à cette tâche. Le siège de la matière se trouve dans les articles 981 et suivants, plus ou moins modifiés successivement par les lois des 8 juin 1893 et 17 mai 1900.

On appelle testament militaire celui qui est reçu dans les conditions prévues par ces articles. Les dérogations au droit commun, qui y sont contenues, trouvent leur application dans les cas prévus par l'article 93 dont nous avons eu naguère (1) à nous occuper, d'après les distinctions ci-après :

1° En territoire national et en temps de paix, les règles du droit commun sont toujours appliquées à l'exclusion de toutes

____

(1) V. sur les Actes de l'état-civil aux armées, Julliot : Dissertation (*Journal du notariat*, 1910, p. 825).

autres. Ce n'est que dans le cas de mobilisation ou de siège, c'est-à-dire pendant la période des hostilités, que les règles spéciales aux actes concernant les militaires, les marins et personnes employées à la suite des armées, peuvent entrer en vigueur, et encore ces règles spéciales ne sont-elles jamais, comme nous le verrons, exclusives de la faculté, pour les testateurs, de recourir au droit commun.

2° En dehors du territoire national, en temps de paix comme en temps de guerre, c'est-à-dire même après la signature de la paix et tant que les troupes expéditionnaires n'ont pas repassé la frontière, les autorités militaires ont et conservent qualité pour recevoir les testaments (1).

Ainsi, être en temps de guerre ou faire partie d'une expédition militaire hors du territoire, telle est la première condition pour pouvoir tester militairement.

La seconde condition, c'est d'être militaire ou assimilé. Un doute était permis sur ce point : l'article 981 renvoie à l'article 93 qui, pour les actes de l'état-civil, étend la compétence des autorités militaires, s'il est nécessaire, aux personnes non militaires qui se trouvent dans les forts et places fortes assiégées. Mais pour

______

(1) Hors de France signifie aussi bien dans les possessions coloniales et pays de protectorat qu'à l'étranger. Inst. de 1894 ; Baudry-Lacantinerie et Houquet-Fourcade, *Traité des personnes*, t. I, n° 935.

lever ce doute, il suffit de lire les premiers mots de l'article 981 : « Les testaments des militaires, des marins de l'Etat et des personnes employées aux armées .. » Cette énumération est limitative. On peut le regretter et on a fait justement remarquer que, sur ce point, d'autres législations, celle de la Prusse par exemple, avaient été plus prévoyantes que la nôtre.

A l'Instruction de 1894, il est dit. s'agissant des actes de l'état-civil, mais c'est également vrai pour les testaments, que doivent être considérés comme militaires, dans le sens de l'article 93 du Code civil, les personnels des troupes et services auxiliaires, notamment les personnels de la trésorerie et des postes, des sections de télégraphie militaire, des compagnies de douaniers, de chasseurs forestiers, des sections techniques de chemins de fer, et, en général, de tous les corps spéciaux dont la formation est autorisée par l'article 8 de la loi du 24 juillet 1873.

Mais il ne suffit pas d'être militaire; il faut être militaire en activité de service. La démission acceptée ou l'octroi d'un congé définitif survenant même au cours d'une expédition à l'étranger équivalent, à cet égard, à la perte de la qualité de militaire. Mais il faut bien se garder de confondre la perte de la qualité de militaire ou du grade avec le retrait d'un emploi ou d'un commandement. Le changement de destination d'un officier ne l'empêche pas de tester militairement (1).

Mêmes observations pour les marins de l'Etat.

Que faut-il entendre par *personnes employées à la suite des armées?* On interprète assez généralement cette expression dans le sens où la prévoit une ancienne ordonnance de 1735, laquelle s'appliquait à « ceux qui, n'étant ni officiers, ni engagés dans les troupes, se trouveront à la suite des armées ou chez les ennemis, soit à cause de leurs emplois ou fonctions, soit pour le service qu'ils rendront aux officiers, soit à l'occasion de la fourniture des vivres et munitions des troupes. » Cette idée se trouve développée dans l'instruction du Ministère de la guerre du 8 mars 1823, qui veut que l'on entende par ces mots tout individu appartenant à une administration militaire et porteur d'une commission du Ministre de la Guerre, tout individu appartenant à une entreprise d'un service administratif d'armée, porteur d'une semblable commission, ou du moins commissionné par l'entrepreneur et compris dans un tableau fourni par cet entrepreneur et approuvé par le Ministre, les vivandières, domestiques, cantiniers etc., etc., qui n'ont point de commission

---

(1) Dalloz. — *Jurisprudence générale,* v° *Dispositions entre-vifs et testamentaires,* n°ˢ 3363 et suiv.

ministérielle, mais qui sont autorisés à
suivre les armées.

La question est plus délicate en ce qui
concerne les personnes qui, sans appar-
tenir au cadre de l'armée, serviraient personnellement un officier. Tel serait le cas
du domestique personnel d'un général.

Enfin, on reconnait le droit de tester
militairement, comme étant à la suite des
armées, aux prisonniers de guerre, aux
agents diplomatiques français ou étran-
gers accrédités, et à toutes personnes qui
accompagnent les armées avec une mis-
sion diplomatique ou scientifique, ce qui
peut comprendre, bien que cela n'ait pas
été jugé, les historiographes, journalistes
et correspondants de guerre autorisés à
suivre la campagne.

Dans son alinéa final, l'article 981 étend
la faveur de tester militairement aux prisonniers chez l'ennemi. Cette faculté, qui
était écrite dans l'article 981 primitif et
avait été supprimée par la loi de 1893, a
été rétablie par la loi de 1900. Elle suppose
que le militaire, prisonnier à l'ennemi, a
pour compagnons de captivité des officiers
du grade et de la qualité de ceux qui sont
qualifiés pour recevoir les testaments (1).

Telles sont les personnes qui peuvent
tester militairement et les circonstances

---

(1) Dalloz, *loc. cit.*, n° 3365. — Delalande,
Annuaire de législation française, 1894, p. 147,
note 2.

dans lesquelles l'exercice de ce droit leur est conféré. Il nous reste à voir par qui et dans quelles formes sont reçus les testaments.

Aux termes de l'article 981, les fonctionnaires qualifiés pour recevoir les testaments aux armées sont : soit un officier supérieur ou médecin militaire d'un grade correspondant, en présence de deux témoins, soit deux fonctionnaires de l'intendance ou officiers du commissariat; soit un de ces fonctionnaires ou officiers, en présence de deux témoins ; soit enfin, dans un détachement isolé, l'officier commandant ce détachement, assisté de deux témoins, s'il n'existe pas dans le détachement d'officier supérieur ou médecin militaire d'un grade correspondant, de fonctionnaire de l'intendance ou d'officier du commissariat.

Le testament de l'officier commandant un détachement isolé peut être reçu par l'officier qui vient après lui dans l'ordre du service.

Aux termes de l'article 982 du Code civil, si le testateur est malade ou blessé, son testament peut être reçu, dans les hôpitaux ou les formations sanitaires militaires, telles que les définissent les règlements de l'armée (1), par le médecin chef,

---

(1) Ce sont, d'après le nouveau règlement sur le Service de santé en campagne de 1910 : les postes de secours, l'ambulance, les groupes de brancardiers, l'hôpital ou section d'hô-

quel que soit son grade, assisté de l'officier d'administration gestionnaire. A défaut de cet officier d'administration, la présence de deux témoins est nécessaire.

A l'inverse de ce qui se produit pour les officiers de l'état-civil aux armées, dont la compétence est relative, limitée qu'elle est pour chacun à une formation de guerre déterminée, les officiers instrumentaires aux testaments ont, en principe, une compétence absolue. Les officiers supérieurs, médecins de grade correspondant, fonctionnaires de l'intendance et officiers du commissariat peuvent, en effet, recevoir les testaments de tous les membres de l'armée et personnes à la suite, sans distinction.

Cependant et par exception, la compétence est relative dans deux cas :

1° S'il s'agit de l'officier subalterne commandant un détachement isolé. N'étant qualifié qu'en l'absence d'officier supérieur, fonctionnaire seul normalement désigné, sa compétence résulte de sa fonction de chef de détachement et ne s'étend qu'aux militaires faisant partie du détachement.

2° S'il s'agit du médecin chef d'un grade inférieur à médecin-major de 1re classe ;

---

pital d'évacuation, les trains sanitaires d'évacuation, les convois d'évacuation de malades ou blessés, et enfin les infirmeries de gare ou de gîte d'étapes ou de port de la zone des armées dirigées par le service de santé militaire.

sa compétence est alors limitée aux malades et blessés de sa formation.

Il paraitrait naturel, disait Marcadé sous l'empire de l'ancienne législation, de reconnaitre aux officiers supérieurs comme aux intendants ou sous-intendants, le droit de procéder sans témoins, en agissant à deux conjointement, mais l'art. 981 — et c'est encore vrai aujourd'hui — ne le disant pas, deux de ces officiers seraient sans pouvoir; le second ne pourrait que servir de témoin, et un autre témoin devrait lui être adjoint, pour que le testament pût être reçu.

Le code ayant eu le soin de donner compétence à l'officier commandant le détachement isolé, il y aura toujours, sauf l'absence totale d'officier, quelqu'un de qualifié pour instrumenter. On en a conclu, à juste titre, que ceux qui sont désignés par la loi ne peuvent pas déléguer leurs fonctions (1).

Dans les formations sanitaires, ce sont en principe les médecins qui sont préposés à la réception des testaments. Leur compétence résulte, d'une part, et avec un caractère absolu de l'article 981, s'ils ont un grade correspondant à officier supérieur, et, d'autre part, et relativement aux seuls malades et blessés, de l'article 982, si, pourvus d'un grade inférieur, ils remplissent les fonctions de médecins chefs.

---

(1) Delalande, *Op. cit.*, p. 147, note 4.

Une première considération se dégage
de la comparaison de ces deux textes, et
elle est d'autant plus importante à noter
qu'elle paraît n'avoir encore été aperçue
par aucun auteur : si un médecin-major de
1re classe instrumente en vertu de l'article 981, à l'exclusion du cas prévu par
l'article suivant, s'il reçoit, en un mot, le
testament de toute autre personne qu'un
malade de la formation dont il est médecin
chef, il doit obligatoirement être assisté de
deux témoins et non de l'officier d'administration gestionnaire. Il en serait ainsi
qu'il s'agisse d'un militaire étranger à sa
formation ou d'une personne faisant partie du personnel traitant.

Si un médecin d'un grade inférieur instrumente, non plus comme assimilé à un
officier supérieur, mais comme médecin
chef, à l'égard d'un malade de sa formation, ce n'est qu'à défaut de son gestionnaire qu'il peut recourir à deux témoins.

Le rôle de l'officier d'administration gestionnaire en cette matière, il ne faut pas
se le dissimuler, sera d'ailleurs prépondé-
rant. Nous verrons que le testament militaire ne doit pas obligatoirement, comme
le testament par acte public, être écrit par
celui qui le reçoit. Il n'est donc pas dou-
teux que, pratiquement, les médecins se
déchargeront du soin de leur rédaction
sur ces officiers plus compétents qu'eux-
mêmes en cette matière administrative.

N'est-il pas des cas dans lesquels les

officiers d'administration des formations sanitaires auront à instrumenter eux-mêmes ? Ce serait une erreur de répondre par la négative, car les officiers sont fréquemment commandants de détachements.

Sans doute, s'il y a dans le détachement un officier supérieur ou un de ceux qualifiés par l'article 981, c'est à lui et non à l'officier d'administration commandant qu'il incombe de recevoir les testaments. Et, de même, si le détachement correspond à l'une des formations sanitaires ci-dessus énumérées, et si cette formation possède à sa tête un médecin chef, c'est lui, quel que soit son grade, qui doit instrumenter.

Mais, s'il n'y a, dans le détachement, aucun médecin ni aucun des officiers ou fonctionnaires désignés par l'article 981, l'officier d'administration commandant le détachement doit, sans contredit, se considérer comme qualifié pour recevoir les testaments, non seulement du personnel infirmier, mais même des malades et blessés.

Faut-il aller plus loin et dire que les officiers d'administration principaux, étant aujourd'hui pourvus d'un grade correspondant à celui de chefs de bataillon (1), et qui hier encore avaient droit à l'appellation de commandant, rentrent dans la catégorie des officiers supérieurs visés par l'article 981, et puisent dans ce titre

____

(1) Loi du 28 avril 1900.

la compétence absolue à l'effet d'instrumenter? Je ne le pense pas, et voici pour quelle raison : c'est d'abord parce que la loi du 28 avril 1900 a spécifié expressément que la correspondance de grades accordée ne modifie pas la situation dans la hiérarchie générale *et dans le service*, qui est faite aux officiers d'administration par les ordonnances, décrets et règlements. Il n'y a donc rien de changé en ce qui concerne le service des testaments.

C'est, en second lieu, parce que le rapporteur de la loi de 1893 à la Chambre a eu le soin de dire que l'expression « officier supérieur » de l'article 981 comprend « les colonels, lieutenants-colonels, chefs de bataillon ou d'escadron, capitaines de vaisseau ou de frégate ». Il est vrai que cette déclaration est antérieure à la loi d'assimilation de 1900, mais on remarquera que le texte de 1893 (texte ancien de l'article 981), qui ne parlait pas des médecins, mais *de tout officier d'un grade supérieur*, n'avait pas été considéré comme comprenant les médecins *d'un grade correspondant*. C'est même la raison pour laquelle la loi du 17 mai 1900 a cru devoir désigner ceux-ci nommément. Si cette disposition n'avait pas été adoptée, disait l'exposé des motifs de 1900, les infirmiers et autres militaires employés dans les formations sanitaires auraient été fréquemment dans l'impossibilité de tester. Les médecins de « grade correspondant » à officier supérieur n'étant compétents que

parce que désignés nommément, les officiers d'administration principaux dont le
grade *correspond* lui aussi à officier supérieur, d'après les termes mêmes de la loi
d'assimilation, ne pourraient avoir, eux
aussi. ce pouvoir que s'ils étaient nommément désignés.

Les articles 997 et 998 énumèrent un cer-
tain nombre de règles propres aux testaments privilégiés, au nombre desquels
figurent les testaments militaires. Aux
termes de ces articles, les testaments privilégiés doivent être signés par le testateur, par ceux qui les reçoivent et par les
témoins (C. civ., art. 997). Si le testateur
déclare qu'il ne peut ou ne sait signer, il
est fait mention de sa déclaration, ainsi
que de la cause qui l'empêche de signer.
Dans le cas où la présence de deux témoins
est requise, le testament est signé au
moins par l'un d'eux et il est fait mention
de la cause pour laquelle l'autre ne signe
pas (C. civ., art. 998).

On remarquera que l'article 998 prescrit
de mentionner, non seulement que le testateur n'a pu signer, mais qu'il a déclaré
ne le pouvoir, ce qui n'empêche que l'officier doit constater la cause de cet empêchement et la consigner. Quant à l'absence
de signature de l'un des témoins, la cause
doit en être également indiquée, mais la
loi n'exige pas qu'il soit fait mention d'une
déclaration à cet égard (1).

____

(1) Dalloz, *loc. cit.*, nᵒˢ 3401 et suiv.

On s'est demandé si les règles de droit
commun sur la forme des testaments en
général (C. civ. art. 967 et suiv.) doivent
être considérées comme complétant les
règles propres aux testaments militaires.
Demolombe fait remarquer que les arti-
les 967, 968 et 969, tout au moins, sont applicables. En ce qui concerne les suivants,
on a dit qu'il n'y avait pas lieu d'y recourir, les articles 981 et suivants formant
une section qui se suffit à elle-même. Mais,
ainsi que le note Coin-Delisle, cette règle
est trop absolue, et les auteurs distinguent
généralement entre les règles relatives
aux formes et à la rédaction des testaments, lesquelles doivent être puisées dans
les articles 981 et suivants, à l'exclusion
de tout emprunt à la section I du chap. V,
et les règles relatives à la capacité des témoins, lesquelles doivent être prises dans
l'article 980, qui fait partie de cette première section. Laurent paraît être seul
d'un avis différent.

Les témoins sans distinction de sexe
doivent, en conséquence, être Français et
majeurs, le mari et la femme ne pouvant
être témoins ensemble. Les règlements
militaires admettent, en cette matière, le
témoignage des femmes.

Mais *quid* des règles de l'article 975 sur
les incapacités relatives ? On a proposé
d'appliquer aux testaments militaires l'incapacité des légataires, et d'écarter les
autres incapacités de cet article. Mais la

majorité des auteurs fait remarquer que
cette distinction serait arbitraire. Il faut
ou repousser entièrement l'article 975, ou
l'appliquer entièrement, et c'est en ce dernier sens que l'on se prononce le plus généralement. C'est également ce que prescrivait dès le 24 brumaire an XII une
ancienne circulaire du Ministère de la
Guerre : « On ne pourra recevoir en cette
qualité (de témoins) ni les légataires, à
quelque titre que ce soit, ni les parents ou
alliés du testateur jusqu'au quatrième de-
gré inclusivement, ni les commis ou délé-
gués de l'individu par lequel les actes sont
reçus. »

Cette assimilation des commis ou délé-
gués à des clercs de notaires, reproduite
par l'instruction ministérielle du 8 mars
1823, avait été très critiquée comme éten-
dant une incapacité de droit étroit. Elle a
été supprimée par la nouvelle instruction
du 23 juillet 1894.

Les règles générales sur la forme des
testaments par acte public n'étant pas
applicables au testament militaire, on en
a conclu que celui-ci n'a pas besoin d'être
dicté par le testateur, ni d'être écrit par
l'officier instrumentaire, ni d'être lu au
testateur (1), sauf l'exception sur ce der-

---

(1) À cet égard, dit l'instruction ministérielle du 23 juillet 1894, bien que la disposition prescrivant à l'officier instrumentaire de
« donner lecture au testateur de son testament en présence des témoins », n'ait pas été

nier point résultant de l'article 996, dont il
sera tout à l'heure question. Rien ne s'op-
poserait non plus à ce que l'officier reçût
un testament contenant des dispositions
au profit de ses parents ou alliés, la loi du
25 ventôse an XI (art. 8) n'étant pas applicable ici ; mais il paraît difficile d'aller
jusqu'à admettre, comme on l'a soutenu,
que l'officier pourrait recevoir un testament contenant un legs à son profit, fût-il
même parent du testateur (1), car nul n'est
en droit de remplir tout à la fois le rôle
d'officier public et de partie (2).

En ce qui concerne la nécessité de mentionner la date, il y a controverse. Les
uns y voient une formalité substantielle.
Les autres prétendent, au contraire, que
la loi de ventôse n'étant pas applicable,
en l'absence d'un texte formel, l'omission
de la date ne serait pas une cause de nullité, si du moins l'époque de la rédaction
du testament pouvait être reconstituée.

Aux termes de l'article 983 du Code civil, il doit être fait un double original du
testament militaire. Si cette formalité n'a
pu être remplie à raison de l'état de santé
du testateur, il est dressé une expédition,

---

reproduite dans la section du code civil où il
est traité des testaments militaires, l'officier
public n'omettra pas de remplir cette formalité, qui assure l'exacte observation des volontés du testateur.

(1) Compar. C. civ., art. 995.
(2) Demolombe, t. XXI, nᵒ 435.

qui doit être signée par les témoins et par l'officier instrumentaire. Il doit être fait mention des causes qui ont empêché de dresser le second original. Dès que la communication est possible, et dans le plus bref délai. les deux originaux, ou l'original et l'expédition, sont adressés séparément et par courriers différents, sous pli clos et cacheté (1), au ministère de la guerre (2, ou de la marine, pour être déposés chez le notaire indiqué par le testateur ou, à défaut d'indication, chez le président de la chambre des notaires de l'arrondissement du dernier domicile.

Les règlements exigent que les testaments soient enregistrés sur un *mémorial* sans entrer dans aucun détail, en énonçant seulement que, tel jour, il a été reçu le testament d'un tel. Dans les formations sanitaires ce mémorial constitue la dernière section d'un carnet dit *carnet administratif*.

Le mémorial ou carnet administratif étant tenu par les officiers chargés de l'état-civil et non par les officiers préposés aux testaments, ceux-ci doivent faire enregistrer les testaments qu'ils reçoivent

---

(1) Ce pli doit porter comme suscription les nom, prénoms et qualités du testateur et, si possible, l'indication de son dernier domicile et le nom du notaire chargé de recevoir le dépôt.

(2) Bureau de comptabilité et de renseignements.

par l'officier de l'état-civil du groupe auquel appartient le testateur.

L'instruction ministérielle du 8 mars 1823 prescrivait à l'officier, rédacteur d'un testament, d'en donner avis aussitôt après la mort du testateur, et le dépôt du testament aux personnes qu'il saurait y avoir intérêt. En admettant que l'officier ait une connaissance certaine de la mort du testateur, comment lui aurait-il été possible d'aviser les intéressés, c'est-à-dire des héritiers ou légataires institués par le testament, alors qu'il n'en aurait pas conservé minutes. Si, d'autre part, pour satisfaire à cette prescription, il avait consigné au Mémorial les renseignements nécessaires, n'aurait-il pas, dans une certaine mesure, violé le secret des dispositions testamentaires? Ces considérations ont amené le rédacteur de l'instruction du 23 juillet 1894 à supprimer cette prescription de 1823 et même à décider qu'avant la mort du testateur et l'ordonnance rendue par le président du Tribunal de première instance du lieu du dernier domicile du décédé, il ne peut être donné communication du testament, même aux intéressés.

Le testament militaire est nul six mois après que le testateur est venu dans un lieu où il a la liberté d'employer les formes ordinaires, à moins qu'il ne soit de nouveau placé dans une des situations spéciales prévues à l'article 93. Le testament est alors valable pendant la durée de cette situation spéciale et pendant un nouveau délai de six mois après son expiration (C. civ., art. 984).

L'article 996, au surplus, a la précaution de prescrire la lecture de l'article 984 au testateur en présence des témoins, et d'exiger que mention de cette lecture soit faite dans le testament.

Pendant le temps de sa validité, le testament militaire a la même valeur authentique qu'un testament par acte public.

Telles sont résumées, aussi brièvement que possible, les formalités du testament militaire, formalités édictées sous peine de nullité comme toutes celles relatives aux testaments C. civ., art. 1001). Il reste à se demander si dans les conditions de l'article 93 l'emploi du testament militaire pour les testateurs privilégiés est exclusif du recours aux formes ordinaires, aux notaires sur le territoire français, aux autorités locales ou aux agents diplomatiques ou consulaires en pays étranger? Sur ce point la réponse n'est pas douteuse. La compétence des officiers militaires est parallèle à celle des fonctionnaires de droit commun. En France, notamment, le notaire est et reste, en temps de guerre comme en temps de paix, le fonctionnaire public préposé à la réception des testaments. Mais pourrait-il lui-même recevoir un testament dans la forme militaire ? La

négative s'impose (1), bien que le contraire
ait été soutenu par de très bons esprits et
quels que puissent être les avantages de
recourir à des formes simplifiées dans les
moments troubles d'une guerre (2). La
compétence des notaires, dit à cet égard
le Répertoire Fuzier-Herman, existe tant
que la loi laisse aux testaments le caractère et la forme d'actes notariés ; mais
quand elle indique d'autres officiers et
établit d'autres formalités, le testament
devient un acte d'une nature particulière,
qui ne peut être passé que devant l'officier
spécialement désigné pour le recevoir.

La faculté de tester militairement n'ex-
clut pas non plus celle de tester en la
forme olographe (3). Voilà qui est à rete-
nir comme étant du plus haut intérêt. De
nos jours, le nombre des illettrés a beau-
coup diminué ; presque toujours les militaires sauront écrire. Or, pour qu'un testament olographe soit valable, il suffit
qu'il soit *entièrement écrit, daté et signé de*

---

(1) Voir sur ce point Julliot : *Des testaments authentiques des militaires*, extrait du
Journal des notaires, cahier du 15 octobre 1912,
art. 30471.

(2) Voir à cet égard Demolombe, t. XII,
n° 436.

(3) En temps de guerre les testaments olo-
graphes peuvent être remis à tout officier
ayant qualité pour recevoir les testaments
militaires ; ils doivent être transmis au ministère de la guerre comme ces derniers.

la main du testateur (1). Lors donc que les intéressés sauront écrire et que leur état de santé le leur permettra, il conviendra de les engager à tracer *eux-mêmes* sur le papier leurs dernières volontés, en ayant soin de *dater exactement* et de signer. Ce sera suffisant; ce sera presque toujours valable; vous n'encourrez aucune responsabilité, et pour vous ce pourra être la planche de salut. Faites donc, quand vous le pourrez, comme le notaire parisien. Par malheur les blessés ne pourront guère écrire.

(1) Il n'est pas nécessaire qu'il soit établi sur timbre. L'omission du timbre entraîne simplement une amende.

imp. R. Tancrède, 15, rue de Verneuil.

15 août 1910. — Paris, Larose et Ténin, éditeurs, 1910........................... 1 fr. 50

**De la certification des transferts de rentes sur
l'Etat par les agents de change** (*Loi du 11 juin
1909*). Extrait de la *Revue du notariat et de l'enre-
gistrement*. — Paris, Marchal et Godde, éditeurs, 1911........................... 2 fr. 50

Actes de l'état civil aux armées *(décès, constatation et formalités administratives, actes conservatoires, testaments, etc.)*. Conférence faite au
Val-de-Grâce, le 14 juin 1911, aux médecins et officiers du Cours d'instruction du service de santé en
campagne. Extrait du *Bulletin de l'Union fédérative des médecins de réserve*, numéro d'octobre 1911........................... *Epuisé*.

Des testaments authentiques des militaires: *Compétence des notaires à l'effet d'instrumenter « jure
civili » et « jure militari »*. Extrait du *Journal
des notaires*, cahier du 15 octobre 1912, art. 30.471.
— Paris, *Journal des notaires*, éditeur, 1912. 1 fr.

**De l'état civil, des testaments et des actes conser-
vatoires aux armées**, conférence générale faite au
Val-de-Grâce le 19 juin 1912 aux médecins, pharmaciens et officiers du Cours d'instruction du service
de santé en campagne du Gouvernement militaire de
Paris. Extrait de la *Revue de législation professionnelle*, nᵒˢ 12 de 1912, 1ᵉʳ et suiv. de 1913. — Paris,
Marchal et Godde, éditeurs, 1913......... 1 fr. 25

**Avions et dirigeables au secours des blessés mili-
taires**. Extrait de la *Revue aérienne*. — Paris, la
Revue aérienne, éditeur, 1913........... 1 fr. 50

L'inscription aérienne. Extrait de la *Revue aérienne*,
nᵒˢ 102 (1913) et suiv... *En cours de publication*.

www.ingramcontent.com/pod-product-compliance
Ingram Content Group UK Ltd.
Pitfield, Milton Keynes, MK11 3LW, UK
UKHW021258180726
13837UKWH00007B/2097